対訳でたのしむ

百万

ひゃくまん Hyakuman

檜書店

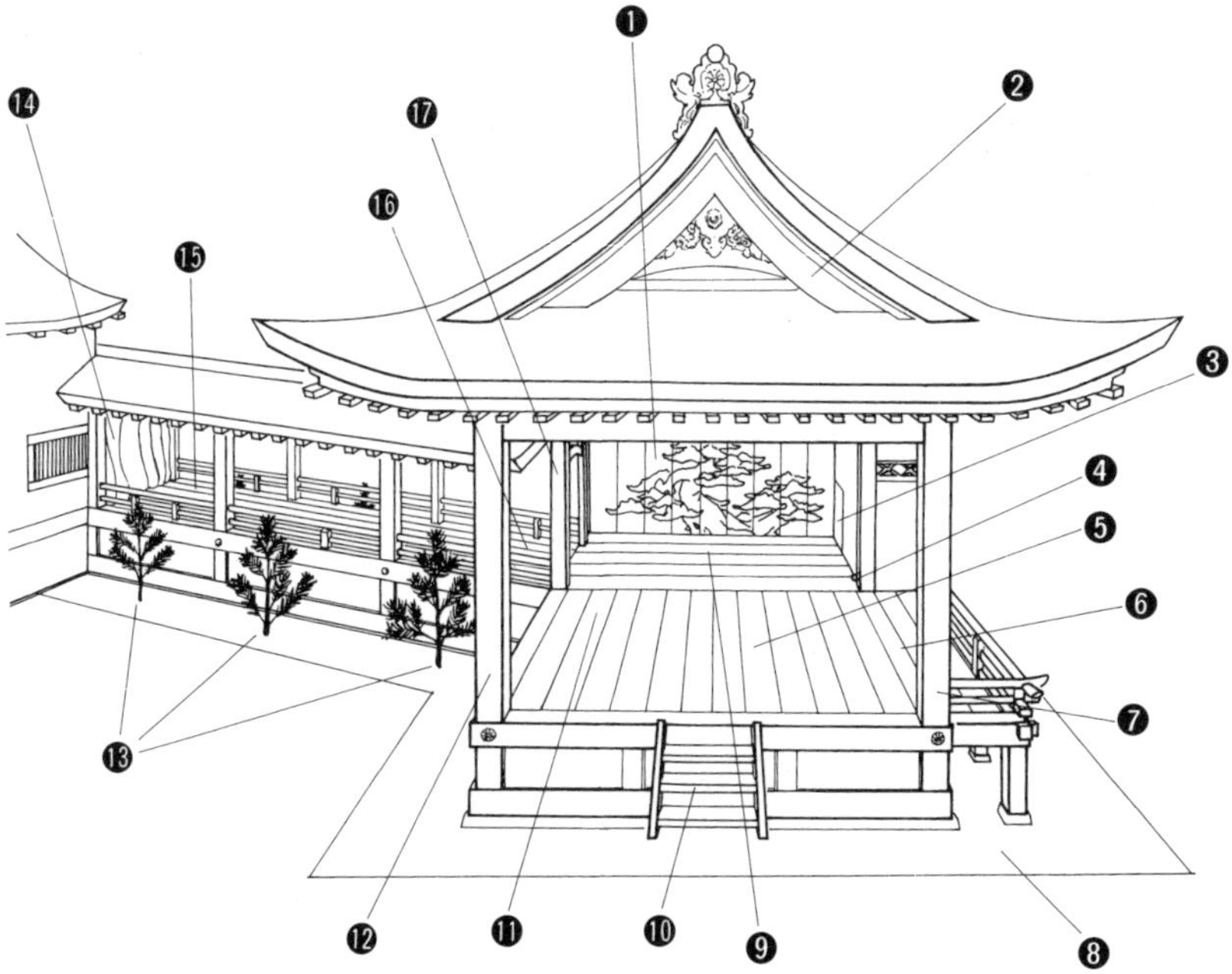

❶老松が大きく描かれた鏡板《かがみいた》。背景というよりも舞台の一部というべきか。

❷屋根　昔の名残をとどめたもの。屋外の能舞台を建物のなかに取り込んだのは明治以降のこと。

❸切戸口《きりとぐち》　舞台奥の右手側面にある引戸のついた低い出入口。地謡《じうたい》方や後見《こうけん》方が出入りするところ。

❹笛柱の下に鐘をつるす綱を通す環がある。また天井には鐘をつりさげる滑車がつけられ、〈道成寺《どうじょうじ》〉の鐘をつるすためにのみ使われる。

❺６メートル四方の舞台には檜が縦に張られている。

❻地謡座《じうたい》　地謡方が座る位置。

❼ワキ柱　ワキ方が常にこの柱の側に座るのでこの名がある。

❽白州《しらす》　能舞台が屋外にあった時の名残。玉石が敷かれている。

❾後座《あとざ》　檜が横に張られている。向かって右から笛、小鼓、大鼓、太鼓が座り、左後方に後見方が座る。

❿階《きざはし》　舞台の開始を寺社奉行が命じる時などに使用したころの名残。

⓫常座《じょうざ》　舞台に入ってきたシテなどがまず足をとめ、所作の基点となる位置。

⓬目付柱《めつけばしら》　能面をつけ極度に視野が狭められた演者の目標となる柱。

⓭舞台のほうから一の松、二の松、三の松と、順に小さくして遠近感を出している。

⓮揚幕《あげまく》　演者の出入りに際し、二人の後見が竹竿を上げ下げする。

⓯橋掛り《はしがか》　演者が出入りする通路であるとともに、舞台の延長としての重要な演技空間でもある。

⓰狂言座《きょうげん》　間狂言が座り、控えている所。

⓱シテ柱　シテが常に立つ常座《じょうざ》の近くにあるため、この名称がある。

✣対訳でたのしむ✣

百万

ひゃくまん

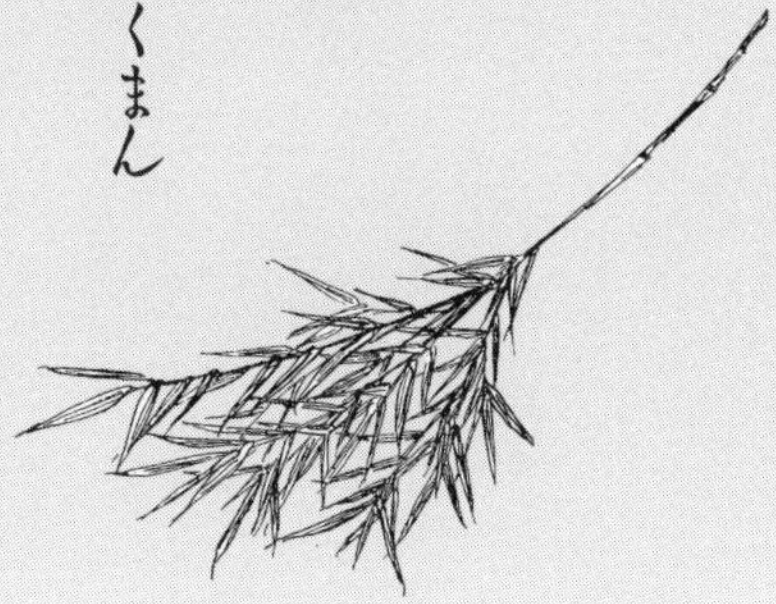

檜書店

目次

凡例

一、下段の謡本文及び舞台図（松野奏風筆）は観世流大成版によった。

一、下段の大成版本文は、横道萬里雄氏の小段理論に従って、段・小段・節・句に分けた。それらはほぼ上段の対訳部分と対応するように配置した。

一、小段名は舞事などを含む囃子事は〔　〕で、謡事は「　」で括り示した。

一、対訳本文の段は算用数字の通し番号で示して改行し、はじめにその段全体の要約と舞台展開、観世流とその他の流派との主な本文異同を中心に説明を付した。

百万（ひゃくまん）

竹本幹夫

〈百万〉（ひゃくまん）

大和国三吉野《やまとのくにみよしの》（現奈良県吉野郡）の里人（ワキ）が奈良西大寺《さいだいじ》の辺りで保護した拾い子（子方）を伴い、折しも（三月六日から十五日の間）行われている釈迦堂《しゃかどう》の大念仏会《だいねんぶつえ》（大勢で阿弥陀仏や釈迦牟尼仏《しゃかむにぶつ》の名号を唱える法会）に参ろうと嵯峨清凉寺《さがせいりょうじ》に赴く。門前の者（アイ）を呼び出し、子供のために何か面白い見ものはないかと尋ねると、女物狂《おんなものぐるい》を見せようと言い、わざと下手に念仏の音頭を取ると出てくるからと、釈迦の名号と唱える。すると女物狂（シテ）が現れ、門前の者に代わって大念仏の音頭を取る。女物狂は舞車の上から仏名を唱えて音頭を取り、弥陀の救いを頼むべきことを謡い、狂乱の身ながらも釈迦牟尼仏を頼むのは、ひとえに我が子に逢えるようにとの思いからだと述べて、子の無事を釈迦牟尼仏に祈請《きせい》する。それを見た少年は、その女が故郷の母だと気付き、男にそれとなく尋ねてくれるように頼む。男は事の意外さに驚きつつも、物狂に身分を尋ねると、奈良の都の百万と名乗り、夫との死別後に形見の一人子に生き別れになったことから、子を尋ねてこのような振舞をしているのだと述べる。男から再会の利益のために法楽《ほうらく》の舞を舞うよう勧められた百万は、得意の曲舞《くせまい》を舞い、無常の世に不幸が重なるわが生涯を悔やみ、我が子のゆくえを尋ねて奈良の都から洛北嵯峨清凉寺に至った道行《みちゆき》を謡い、三国伝来の清凉寺釈迦堂の秘仏の来歴を称え、我が子再見の祈願を捧げる。弥陀の名号を唱えつつ狂乱する百万を見かねて、男は子供を引き合わせ、百万はすぐには名乗らなかった我が子の薄情を怨みつつも、釈迦如来の法力の功徳を謝して、共に奈良の都に帰る。

《この能の魅力》

能〈百万〉は作者世阿弥が、後代までも廃れることはあるまいと太鼓判を押した自信作。観阿弥得意の人気曲〈嵯峨の大念仏の女物狂の物まね〉（〈嵯峨物狂《さがものぐるい》〉とも）の改作ながら、応永三十年（一四二三）にはすでに不動の人気を誇り、以後今日に至るまで、一度も中絶することなく各流で演じ継がれてきた名曲である。現行〈百万〉の車之段《くるまのだん》の冒頭と曲舞《くせまい》の段の直後の、前後二か所の念仏の場面は、原曲以来の趣向の可能性が強い。念仏の趣向は世阿弥時代の近江猿楽の名手犬王《いぬおう》の〈念仏の猿楽〉、観阿弥・世阿弥の時代を繋ぐ井阿弥《せいあみ》作の〈丹後物狂〉、世阿弥の嫡男元雅作の〈隅田川〉などに、観阿弥の原曲からの幅広い影響の跡を残す。

原曲〈嵯峨物狂〉では、無名の母親が主人公であったろう。世阿弥はそのシテを観阿弥が学んだ乙鶴《おとづる》の加歌流《かがりゅう》曲舞流祖で、南都の百万という実在の女芸人とし、曲舞舞百万による舞車の上での念仏の音頭取りという趣向を加えたとされる。また、今は〈歌占〉の［クリ］［サシ］［クセ］になっている、独立の謡物であった〈地獄節曲舞《じごくのくせまい》〉をも取り込んでいた。この曲舞の後半は、釈迦の十大弟子の一人目犍連《もくけんれん》が、悪業の亡母を救うべく地獄廻りをしたという説話に基づく『目連変文』（目連救母経）が典拠とされ、大念仏会の余興にふさわしい趣向であった。しかし世阿弥はそれに飽き足らず、シテの心情を託した、嵯峨までの道行と三国伝来と伝える清涼寺釈迦堂本尊への祈願を基軸とした現在の［クリ］［サシ］［クセ］に書き改め、ここに母百万の思いで一貫する物狂能〈百万〉が完成した。

現在の清涼寺では大念仏会自体は退転し、大念仏狂言と呼ばれる黙劇が執り行われる。清涼寺大念仏は、本尊釈迦牟尼仏に祈願する釈迦念仏会ながら、融通《ゆづう》念仏の隆盛を背景に、弘安二年（一二七九）に導御《どうご》（道御とも）の手で創始されたことにより、阿弥陀仏号をも唱えるものであったことが、本曲から窺われる。

【作者】 世阿弥の『三道』に曲名初出、『申楽談儀』に世子作とあり、確実に世阿弥作。

【題材】 母子流離再会譚は清涼寺大念仏会創始者導御についてもあり、同仏会の縁起として広く知られていた。親子物狂能の骨子と類似の説話は他にもあり、物狂能の設定に投影した可能性も指摘される。現存の曲舞部分は本尊釈迦牟尼仏の清涼寺伝来縁起（『清涼寺縁起』等に見える）を踏まえる。車の上で念仏の音頭を取るのは世阿弥の着想だが、車の作り物は出ない。

【場面】
京都嵯峨清涼寺大念仏の場。

【登場人物】
シテ　狂女百万（面は深井。流儀により曲見《しゃくみ》、深井にも）
子方　百万の子息
ワキ　三吉野の里人（流儀により都の男、また都の僧とも）
アイ　釈迦堂門前の者

1

里人と少年の登場　〔次第《しだい》〕の囃子で三吉野の里人（ワキ）が少年（子方《こかた》・実はシテ百万の子）を先立てて登場し、正面先に立ち並ぶ。地取りの後に、和州三吉野の者と名乗り嵯峨清涼寺の大念仏に赴く由を言う。

なお〔次第〕の文句に諸流異同はないが、ワキの人体は、和州三吉野の者（男ワキ、観世・宝生《ほうしょう》）、都方に住居《すまい》する者（男ワキ・金剛《こんごう》）、都方に住居する僧（金春《こんぱる》・喜多《きた》）と大異する。ワキ方はシテ方謡本に対応して男ワキ・僧ワキの両様がある。現存最古本の金春禅鳳《ぜんぽう》筆『当麻・百万』（能楽研究所蔵）では男ワキ、これに次ぐ天文八年（一五三九）写山崎宗鑑奥書本（同蔵）やこれらとほぼ同時代の下掛り系の演出資料『舞芸六輪《ぶげいろくりん》』では僧ワキである。観世は室町末期以来現行と同じ男ワキである。〔次第〕の文句からは僧ワキが相応《ふさわ》しいとの説もあるが存疑。男ワキの演出も早くからあったのであろう。〔名ノリ〕の詞章は観世・宝生は小異のみであるが、下掛り諸流は大異し、「またこれにわたり候おん方は。行くえも知らぬ人にておん入り候が。某を頼むよし仰せ候ほどに。頼まれ申して候えば。利根第一の人にてわたり候（傍線部ナシ・金剛）。またこの頃は嵯峨の大念仏にて候ほどに。同道申し。大念仏を拝ませ申さばやと思い（存じ・金剛）候」（金春）となる。ワキ方高安流も小異はあるものの大略これに同じ、喜多・下掛《がか》り宝生流（下掛りが相手の場合）は該当部分が「これにわたり候人（おさなき人・下宝）は。行くへも知らぬ人にて候を拾ひ申して候。（又・下宝）此頃は嵯峨の大念仏にて候程に。同道申し。大念仏を拝ませ申さばやと思ひ候。（先かうかう御座候へ・下宝）」となる。なお喜多・下宝の異文は金春禅鳳本とおおむねは同じ、金春流は宗鑑本にほぼ等しい。

〔次第〕　大鼓・小鼓と笛であしらう、リズムに乗らない登場楽。

〔次第〕

里人　さあ、竹馬に乗る幼少時代より仏道に志し、幼少時代より仏道修行して真の法《のり》の友を尋ねるよ

〔次第〕
ワキ〽竹馬《チクバ》にいざや法《ノリ》の道、竹馬にいざや法の道、真《マコト》の友

うに、真に出会うべき人を探そう。

里人

私は大和国《やまとのくに》（奈良県）吉野郷《よしののさと》の者でございます。またこちらにいらっしゃる幼いお方は、奈良西《さい》大寺《だいじ》の近辺で私がお拾い申し上げました。この時期は京都嵯峨《さが》で大念仏がございますので、この幼いお方をお連れして、念仏に参じようと思います。

を尋ねん。

［名ノリ］

ワキへこれは和州《ワシウ》三吉野《ミヨシノ》の者にて候、又これに渡り候幼《ヲサナ》き人は、南都《ナント》西大寺《サイダイジ》の辺《アタリ》にて拾《ヒロ》ひ申して候、この頃《ゴロ》は嵯峨《サガ》の大念仏《ダイネンブツ》にて候程に、この幼《ヲサナ》き人を連《ツ》れ申し、念仏《ネンブツ》に参らばやと存じ候

2

里人と門前の者との応対・百万の登場　この部分は謡本には表記されない。嵯峨清凉寺に着いた三吉野の里人（ワキ）が一の松に向かい、清凉寺釈迦堂門前の者（アイ）を呼び出し、少年（子方）に見せるべき面白い出し物を尋ねると、門前の男は百万という女物狂の芸を見ることを勧め、二人をいざなう。二人が脇座に着座すると、男は物狂を誘い出そうと地謡と交互に釈迦念仏を唱えて浮かれるうちに、幕が上がり百万（シテ）が現れ、手橋掛りで暫くそれを見つめてから舞台に入り、手

［問答］（ワキ・狂言問答）

［□］（狂言念仏・地取・狂言念仏）

に持った笹で男の襟元を打つ。男は「ハア、蜂が刺いた」とおどけて飛び退き後ろに下がる。

3

百万の狂乱　百万（シテ）は常座で門前の男（アイ）に「あら悪の念仏の……」と言葉を掛け、男はそれに応じて「げにげにわれらは下手にて候間。かたがた音頭をとり。面白う念仏をお申しやれや」（和泉）などと言い退場する。百万は常座で正面を向き地謡と交互に念仏を唱え、舞車を引く人々の音頭を取る（車之段。なお車の作り物は実際には出ない）。

百万の冒頭のセリフ「あら悪の念仏の拍子や候」は、他四流は傍線部が「節や」となり、次のセリフが「わらは音頭を取らうずるにて候」（宝）、「さすがにこの大念仏を《ぶっと》さやうにすじなげに申すか、わらは音頭を取り候べし」（喜多。金春八傍線部ナシ、金剛は傍線部「……取らうずるにて候」）となる。謡の部分では、シテの最初の「南無阿弥陀仏」が観世のみは上音だが、他流は全て中音で出る。また地謡との交互の念仏の後のシテ謡「弥陀頼む」に、下掛り各流は地謡が返シを付ける。「誰かは頼まざる」（第一句）が「誰かは頼まざらん」（金春）、「頼めや頼め」が「頼めや頼めや」（下掛り）となる。

百万 ああ下手な念仏の拍子だこと。私が音頭を取りましょう。

（アイの応答と退場）

百万 南無阿弥陀仏《なむあみだぶ》（阿弥陀仏に帰依し奉る）。

地 南無阿弥陀仏、

百万 南無阿弥陀仏、

地 南無阿弥陀仏、

百万 阿弥陀仏を信仰する、

地 人々は雨夜の月とでもいうべきか。雲に覆われ

［問答］

シテ〽あら悪《ワル》の念仏《ネブツ》の拍子《ヒョオシ》や候《ゾオロ》、わらは音頭《ワオンド》を取り候べし

［（渡リ拍子）］

シテ〽南無阿弥陀仏《ナムアミダブ》、

地〽南無阿弥陀仏、

シテ〽南無阿弥陀仏、

地〽南無阿弥陀仏、

シテ〽弥陀《ミダ》頼む、

地〽人は雨夜《アマヨ》の月なれや、雲晴《ハ》

ていても月は確実に西に向かうように、迷いの雲は晴れていなくても、西方極楽に往生するのだ。

百万　阿弥陀仏よ南無阿弥陀仏と、

地　誰が信仰しないということがあろうか、誰もが阿弥陀仏を信仰し奉るのだ。

百万　私みたいなのが春に浮かれた物狂《ものぐるい》というのか。

地　別れた我が子を恋しく思う、私の心の重荷を草に譬えれば、

百万　荷車に七台分の、

地　積み上げても積みきれないほどの物思い。

百万　どんなに重くても引いておくれ、えいさらえいさとかけ声を、

れねども西へ《エ》行く、

シテ〽阿弥陀仏《アミダブ》やなまう《モオ》だと、

地〽誰《タレ》かは頼まざる、誰《タレ》か頼まざるべき。

［一セイ］

シテ〽これかや春の物狂《モノグルイ》、

地〽乱《ミダ》れ心《ゴコロ》か恋草《コイグサ》の

［ノリ地］

シテ〽力車《チカラグルマ》に、七車《ナナクルマ》、

地〽積《ツ》むとも尽《ツ》きじ、

シテ〽重くとも引けや、えいさらえいさと、

地　一つにして、共に頼もう弥陀のお誓いを、頼めや頼め、南無阿弥陀仏と。

4

百万の狂乱の続き　百万（シテ）は舞車の上で音頭を取りつつ、我が子の行方を求めて詠嘆する様子で、時に表意の所作を交え舞台上で舞う。

この段の文句の異同は多くないが、［上ゲ歌］の「親子の道に纏はりて」の傍線部が下掛り諸流は「まとはれて」、シテ謡の「朧月の……」を金春・金剛は上音のままで謡い出す。［（ロンギ）］で「また眉根黒き乱れ墨」が観世以外は「乱れ墨の」、「憂かれと人は添ひもせで」が「問ひも来《こ》で」、「裾を結びて肩に懸け」が「肩に懸くる」、［（クドキ）］の「釈迦如来」が下掛り三流は「釈迦牟尼仏」となる。その後の「狂気をも」以下が、観世以外は「わが子に逢はせてたび給へ」のみとなる。これらの観世の詞章は概ね室町後期の観世大夫宗節《そうせつ》以来の古い本文を継承する（以下もほぼ同様）。

地へ一度《イチド》に頼む、弥陀《ミダ》の力、頼めや頼め、南無阿弥陀仏。

地　まことにこの世限りのはかない親子関係にこだわって、親子恩愛の道から離れもやらずに、今も子ゆえのこの心の闇を晴らしきれず、

百万　すっきりと晴れ渡ることのない朧月夜《おぼろづきよ》の薄曇りのように、

地　先行きの見渡せぬかりそめのこの世に、さらに子というこの世の首かせとは。くびきに繋がれた牛の引く車のように、いつまでもあてどなく引き回されるのだろうか。えいさらえいさと

百万　引けや引けやこの車を。

地　これは見ものだぞ見ものだぞ。

百万　まさに百万の姿は、

地　元々長かった美しい黒髪を

百万　おどろ（草ボウボウの藪）のようにふり乱して

［上ゲ歌］

地〽げにや世々毎《ヨヨゴト》の、親子《オヤコ》の道に纏《マトワ》はりて、なほ《オ》この闇《ヤミ》を晴れやらぬ、

シテ〽朧月《ロオゲツ》の薄曇《ウスグモ》り、

地〽僅《ワツ》かに住《ス》める世に、なほ三界《オサンガイ》の首枷《クビカセ》かや、牛の車の永《トコ》久《トワ》に、何処《イヅク》をさして引かるらん、えいさらえいさ

［（ロンギ）］

シテ〽引けや引けやこの車、

地〽物見《モノミ》なり物見なり、

シテ〽げに百万が姿は、

地〽もとより長き黒髪《クロカミ》を、

シテ〽荊棘《オドロ》の如く乱して、

地 ふるぼけた烏帽子《えぼし》をひっかぶり

百万 また眉根まで黒ずみ乱れた眉墨の様は

地 まるで月夜の浮かれ烏《がらす》のようで、とても正気には見えない。

百万 私に物思いをさせようとばかりにあの子は私から去ってしまい、

地 私は親不孝のわが子を尋ね歩いているのに未だに逢うことがない。

百万 そんな親子の契りの薄さ。薄く粗末な麻衣の、

地 肩で袖を結んでそれを裾にぶら下げ、

百万 裾を結び合わせて肩に掛けたようなみっともない姿、

地 筵《むしろ》の切れはしや

地〽古《フ》りたる烏帽子《エボシ》引き被《カツ》き、

シテ〽また眉根《マユネ》黒き乱《ミダ》れ墨《ズミ》、

地〽うつし心《ゴコロ》か群烏《ムラガラス》、

シテ〽憂《ウ》かれと人は添《ソイ》ひもせで、

地〽思は《ワ》ぬ人を尋ぬれば、

シテ〽親子の契《チギ》り麻衣《アサゴロモ》、

地〽肩《カタ》を結《ムス》んで裾《スソ》に下げ、

シテ〽裾を結びて肩に懸《カ》け、

地〽筵片《ムシロギレ》

百万 菅薦《すがむしろ》のようなぼろぼろの姿で、

地 乱れに乱れた心ながらも、南無釈迦牟尼仏南無《なむしゃかむにぶつなむ》阿弥陀仏《あみだぶつ》と、信心を凝らすのも、わが子に逢おうがためなのだ。

百万 南無や大聖釈迦如来《だいしょうしゃかにょらい》様。わが子に逢わせ、わが狂気をも止め、安穏に暮らせるようにお守りください。

三人の応対と百万の舞　少年（子方）は吉野の里人（ワキ）に物狂が母親らしいのでそれとなく正体を聞いて欲しいと頼む。里人は意外な展開に驚きつつも承知して、百万（シテ）に言葉を掛け、狂気の経緯を問う。百万はわが子と生き別れたゆえの狂気と答え、再会を祈念して法楽の舞を舞い始める。この段の［問答］［掛ケ合］には諸流に小異が多い。主なもののみを掲げると、金春・喜多両流では子方の依頼にワキは「世には似たる人も

シテ〽菅薦《スガゴモ》の、

地〽乱れ心《ゴコロ》ながら、南無釈迦弥《ナムシャカミ》陀仏《ダブツ》と、信心《シンジン》を致《イタ》すも、我が子に逢は《ワ》ん為なり。

［（クドキ）］

シテ〽南無や大聖釈迦如来《ダイショオシャカニョライ》、我が子に逢《ア》は《ワ》せ狂気《キョオキ》をも止《トド》め、安穏《アンノン》に守らせ給ひ《イ》候へ《エ》。

候べし」と言いつつも「さりながら」とシテへの問訊を承諾する。そのワキ詞の直後に「なう法楽の舞舞はうに囃いてたべなう」（喜多。金春は現代仮名遣い）のシテ詞が入る。狂気の訳を問われたシテの返事に、下掛り三流は「夫には死して別れ。唯一人ある忘れ形見のみどり」がなく、その後が節になる。また「ソオロオ」を「サムロオ」と発音する場合がいくつかある。また「遠近人に」以下は節になる。観世以外は「念仏申し身を砕き」の一句がなく、［掛ケ合］のワキ詞「げに傷はしき御事かな。まこと……」が下掛り三流は「げにげに聞けば痛わしや。まことに」（金春）となり、シテ詞の「嬉しき人の言葉かな」が男ワキの金剛を含む下掛り三流は「教化かな」、宝生は「仰せかな」、また観世以外は「それにつきても」以下がなく、「唯頼み申すも此御本尊、忝くも」と続く。なおその後の「お仏」が金春のみ「仏」となる。これらの異同の多くはそれぞれ室町期以来のものである。

［問答］

子方へいかに申すべき事の候

子　お話があります。

里人　何でしょう。

子　この物狂をよくよく見たら、私の故郷の母なのです。憚《はばか》りながら他人事のふりをして、こうなった事情をお尋ねください。

里人　これはとんでもないことをおっしゃる。すぐに聞いてあげましょう。

里人　もしそこの狂女よ。あなたはどちらのご出身かな。

百万　私は奈良の都に住む百万という者でございます。

里人　その百万さんがどうしてこんな狂人になってしまったのだね。

百万　夫には死別し、たった一人の忘れ形見の幼子に生き別れになってしまいましたので、思いが募って狂乱しているのです。

ワキ〽何事《ゴト》にて候ぞ

子方〽これなる物狂《モノグルイ》をよくよく見候へ《エ》ば、故郷《フルサト》の母《ハワ》にて御《オン》入《ニ》り候、恐《オソ》れながら外《ヨソ》の様《ヨオ》にて、問《ト》う《オ》て賜は《タマワ》り候へ《エ》。

ワキ〽これは思ひ《イ》も寄らぬ事を承《ウケタマワ》り候ものかな、軈《ヤガ》て問《ト》う《オ》て参らせう《ショオ》ずるにて候

[問答]

ワキ〽いかにこれなる狂女《ジョ》、おことの国里《クニサト》は何処《イヅク》の者ぞ

シテ〽これは奈良の都に百万と申す者にて候

ワキ〽それは何故《ナニユエ》かやう《ヨオ》に狂《キョオ》人《ジン》とはなりたるぞ

シテ〽夫《ツマ》には死して別れ、唯一《タダヒト》人《リ》ある忘《ワス》れ形《ガタ》見《ミ》のみどり子に、生《イ》きて離《ハナ》れて候程に、思ひ《イ》が乱《ミダ》れて候

里人　それでは今でも子どもだと名乗り出る者がいたら嬉しいだろうね。

百万　おっしゃるまでもない。そのためにこそ髪を振り乱し、方々の人々に素顔をさらしているのです。もしやわが子に廻り逢えるかとの思いから、この舞車に乗り法《のり》の念仏の音頭を取り、仏の御名を唱え、わが身を捨てて信心し、わが子に逢いたいと祈っているのです。

里人　まことにお痛わしいことよ。誠心誠意に不断の念仏をなさったならば、これほど多くの人が集まった中に、どうして尋ねる人に廻り逢えないことがあろうか。

百万　嬉しいことをおっしゃいますね。それにつけても一心に信心して、仏に捧げる舞を舞うことにしましょう。囃して下さい皆様方。もったいなくもこの御本尊釈迦牟尼仏も、羅睺為長子《らごいちょうし》（羅睺はわが在俗時の長男であった）と親子の縁を認めていらっしゃるのだから、

ワキ〽さて今も子と云《イ》ふ《ウ》者のあらば嬉しかるべきか

シテ〽仰《オ》せまでもなし、それ故《ユエ》にこそ乱《ミダ》れ髪《ガミ》の、遠近人《ヲチコチビト》に面《オモテ》をさらすも、もしも我が子に廻《メグ》りや逢《オ》ふ《オ》と、車に法《ノリ》の声立てて、念仏《ネンブツ》申し身を砕《クダ》き、我が子に逢《ア》は《ワ》んと祈るなり。

［掛ケ合］

ワキ〽げに傷《イタ》は《ワ》しき御《オン》事かな、まこと信心私《シンジンワタクシ》なくは、かほど群集《クンジュ》のその中《ナカ》に、などかは廻《メグ》り逢《ア》は《ワ》ざらん

シテ〽嬉しき人の言葉かな、それにつきても身を砕《クダ》き、法《ホオ》楽《ラク》の舞を舞《モ》ふ《オ》べきなり、囃《ハヤ》して賜《タ》べや人々《ビト》よ、忝《カタジケナ》くもこのお仏《ホトケ》も、羅睺為長《ラゴヰチヨオ》子《シ》と説《ト》き給へ《エ》ば

地　わが子に逢うためのこの舞の袖こそ鸚《おう》（逢う）鵡《む》の舞の袖といえようか、親子の出会いをもたらす鸚鵡の舞の袖といえようか、どうか百万の舞を見そなわし給え。

百万　百万遍でもとばかりに幾重にも翻《ひるがえ》す舞の袖に、

地　わが子の居場所にたどり着けますようにと祈りを込めるのであった。

〔イロエ〕　直前の〔次第〕の地取りの間に百万（シテ）はシテ柱にクツログ。笹を捨てて扇に持ち替えたシテは常座に立ち、囃子があしらう中、目付柱に進み、左廻りに静かに舞台を一巡する。

6

百万の曲舞　百万（シテ）は大小前で立ちながら地謡と交互に、〔クリ〕〔サシ〕を謡い、〔クセ〕の7句目のあたりから静かに脇座前に出る。以下、謡に合わせ、時に表意の型を交えながら舞う。こ

〔次第〕

地〽我が子に鸚鵡《オオム》の袖なれや、

親子鸚鵡の袖なれや、百万

が舞を見給《エ》へ。

〔一セイ〕

シテ〽百《モモ》や万《ヨロヅ》の舞の袖、

地〽我が子の行方《ユクエ》、祈るなり。

〔イロエ〕

の［クセ］は上ゲ端《は》が2度ある本格の曲舞（二段グセ）であるが、所作はほぼ舞グセの定型に従う。最後は大小前で［次第］の文句を繰り返して終わるがその時ワキの方を見る。

この段の詞章にも諸流で多少の異同がある。［サシ］の「径街」は観世のケイカイに対し、宝生はケイガイと謡う。下掛り諸流は「径険《けいけん》」でそちらの方が典拠である杜甫《とほ》の『冥』詩に一致する。［クセ］では、以下いずれも下掛り三流共通の異文で、冒頭の「奈良坂の」が「奈良坂や」。第2節の「影うつす面影」が「影うつる」、第3節の「嵯峨野の寺に参りつつ」が「参りて」、第6節の上ゲ端「安居の御法と申すも」が「申すは」となる。なお同節で下掛り諸流は「御母」をオンパワと謡う。また観世と現行金剛以外では「肝膽してぞ祈りける」に「感嘆」と当てる。「感嘆」は感じ嘆く意味だが、「肝膽（胆）」（懸命になって何かをすること）との意味の混同があるとされる。

百万　まことに思えばどこであろうと定住すればそこが家であり、

［クリ］

シテへげにや惟《オモ》んみれば、何処《イヅク》とても住《ス》めば宿《ヤド》、

地　居所を定めず流浪する身には故郷すらもない。とはいえこの世にはそもそも、どれほどの間住み続けることが出来るのか。

百万　家畜たちには狭く険しい道でも辿って帰り着く家があり、小鳥たちは深く茂った枝の奥に巣くい集まるのだ。

地　それに引き替えわれら人間の世間はまことにはかなく、むやみに立ち騒ぐ徒波《あだなみ》の如くで、身を寄せるべき所もなく、空行く雲、流れゆく水のように漂う我が身の果てはどうなることやら、奈良の都のふるさとに、

百万　はかなくも年月を送り迎えていたのだが、

地　あれほどに来世までもと頼みを掛けて暮らしていた夫との生活も、楽しい時期は続かず、夫の死により夢のように消え、永久の別れとなってしまった。

地〽住まぬ時には故郷《コキョオ》もなし、この世はそも何処《イヅク》の程ぞや。

［サシ］

シテ〽牛羊怪街《ゴヨオケイカイ》に帰り、鳥雀《チョオジャク》枝《エダ》の深きに聚《アツ》まる、

地〽げに世の中《ナカ》は徒波《アダナミ》の、寄《ヨル》辺《ベ》は何処雲水《イヅククモミヅ》の、身の果《ハテ》いかに楢《ナラ》の葉《ハ》の、梢《コズエ》の露の故《フル》郷《サト》に。

シテ〽憂《ウ》き年月《トシツキ》を送りしに、

地〽さしも二世《フタヨ》とかけし仲《ナカ》の、契《チギ》りの末《スエ》は花鬘《ハナカヅラ》、結《ムス》びも留《ト》めぬ徒夢《アダユメ》の、永《ナガ》き別れとなり果《ハ》てて、

百万　比目《ひぼく》の魚のように睦まじかった夫婦仲も運命の波に隔てられ独り寝の涙で枕を濡らすばかり。

地　ああはかない結婚生活であったよ。

地　「奈良坂のこのて柏のふたおもてとにもかくにもねぢけ人かな」（『色葉和難集』）

（奈良坂に生えるこの手がしわは表と裏の区別がつかぬ。彼も同じでどう考えても裏表のある悪い人だよ）

と和歌に詠われる、言葉ばかりであてにならぬあだ人のように、私を残して死んでしまった夫の死後、涙は袖で抑えきれぬほどに絶えず流れ、年を逐《お》って物思いは募っていくのだった。ところがそんな中で、忘れ形見の幼な子までもが、あの西大寺の名所の柳の木陰でその姿を見失って離ればなれとなり、そのまま行方知れずになってしまった。

ひとかたならぬ嘆きの余りに、思い草の色を添えてその上に置く、露のような涙と共に、青丹《あおに》よしと歌われる奈良の都を旅立ち、奈良坂から

シテ〽比目《ヒボク》の枕しき波の、

地　〽あは《ワ》れはかなき契《チギ》りかな。

［クセ］

地〽奈良坂《ナラザカ》の、児手柏《コノテガシワ》の二面《フタオモテ》、とにもかくにも佞人《ネジケビト》の、亡《ナ》き跡《アト》の涙越《ナミダコ》す、袖の柵隙《シガラミヒマ》なきに、思ひ重《イカサ》なる年《トシ》なみの、流るる月の影惜《ヲ》しき、西の大寺《オオテラ》の柳蔭《ヤナギカゲ》、みどり子《コ》の行方《ユクエ》白露《シラツユ》の、置《オ》き別れて、何地《イツチ》とも知らず失《ウ》せにけり。

一方《ヒトカタ》ならぬ思ひ草《イグサ》、葉末《ハズヱ》の露も青丹《アヲニ》よし、奈良の都を立ち出でて、かへ《エ》り三笠山、佐保《サオ》の川をうち渡りて、山城《ヤマシロ》に井手《イデ》の里、玉水《タマミズ》は名のみして、影うつす面影、浅ましき姿なりけり。かくて月日《ツキヒ》を送る身の、羊《ヒツジ》

三笠山を振り返り見て、佐保川を渡って山城国に入り、井手の里に出た。井手の玉水に映るわが面影は、宝石のようなと歌われる名水とはうらはらの、まことにみすぼらしい姿だった。かくて月日はどんどん流れて行き、我が身は屠《と》所《しょ》に向かう羊の如くとぼとぼとながら、足の赴くままに進むうちに、都の西と呼ばれる嵯峨野の清涼寺に参詣して、四方《よも》の景色を眺めやると、

百万　西には盲亀《もうき》の浮木《ふぼく》（千載一遇の仏縁）を思わせる花満開の亀山や、

地　雲が流れていくように散る花を川面一面に浮かべた大堰川《おおいがわ》は、その名の通り憂き世の性《さが》（ならわし・嵯峨との掛詞）を思わせ、盛りの極みの山桜の枝を、嵐山の風が嵐のように吹き散らすのを待っていたかの装い、南には松尾社の森が続き、対するこちら岸の小倉の里に夕霞が立ち込める中を、美しい袖を連ねて華やかに着飾った人々が次々に参詣に訪れる。貴きも卑しきも大勢が集まる、この寺の法会の尊さよ。

の歩み隙《ヒマ》の駒《コマ》、足に任《マカ》せて行く程に、都の西と聞《キコ》えつる、嵯峨野《サガノ》の寺に参りつつ、四方《ヨモ》の景色《ケシキ》を眺《ナガ》むれば。

シテ〽花の浮木《ウキキ》の亀山《カメヤマ》や、

地〽雲に流るる大堰川《オオヰガワ》、実《マコト》に浮《ウキ》世《ヨ》の嵯峨《サガ》なれや、盛り過《ス》ぎ行く山桜《ヤマザクラ》、嵐の風松の尾《ヲ》、小倉《ヲグラ》の里の夕霞《イウガスミ》、立ちこそ続け小忌《ヲミ》の袖《ソデ》、挿頭《カザシ》ぞ多き花衣《ハナゴロモ》、貴賤群集《キセンクンジュ》する、この寺の法《ノリ》ぞ尊《タット》き。
彼《カレ》よりも此《コレ》よりも、ただこの寺ぞありがたき、忝《カタジケナ》くもかかる身に、申すは恐れなれども、二仏《ニブツ》の中間《チウゲン》、我《ワレ》

あれこれとあげるまでもなく、ひたすらにこの御寺の御利益こそがありがたい。もったいなくも卑しい身で、申し上げるのも恐れ多い。この御本尊とは、釈迦如来と弥勒菩薩との無仏の間の末法の世に、われらごときの迷いの衆生の、往生への道を明らかに導いて下さるはずの教えの主としてお慕いするためのみ仏。忉利天《とうりてん》に出向かれた釈迦のご不在の間、優填王《うでんおう》の発意により、帝釈天《たいしゃくてん》から遣わされた工芸神毘首羯磨《びしゅかつま》が釈迦のお姿を写し奉ったもの。香木 赤 栴檀《しゃくせんだん》製のその尊いお姿は、その後霊力を発せられて、印度・中国・わが国と三国を伝来し、ありがたくもこの寺に御姿を現されたのであった。

等如《ラゴト》きの迷ひ《イ》ある、道明《アキ》らめん主《アルジ》とて、毘首羯磨《ビシュカツマ》が造りし、赤栴檀《シャクセンダン》の尊容《ソンヨオ》、やがて神力《ジンリキ》を現《ゲン》じて、天竺震旦《テンヂクシダン》我が朝《チョオ》、三国《サンゴク》に渡り、ありがたくも、この寺に現《ゲン》じ給へ《エ》り。

百万 忉利天にて釈迦が夏の九十日間にわたり催された、安居の御法会と申すのも、

シテ〽安居《アンゴ》の御法《ミノリ》と申すも、

地 そこに転生された釈迦のご生母摩耶夫人《まやぶにん》のための説法なのだから、釈迦仏も母上を大切に思い給うたのであり、それこそが正しい道なのである。ましてや人間の身として、どうして母を大

地 〽御母摩耶夫人《オンハワマヤブニン》の、孝養《キョオヨオ》のお為《タメ》なれば、仏《ホトケ》も御母《オンハワ》を、悲しみ給ふ《オ》道ぞかし、況《イワ》んや人間《ニンゲン》の身として、などかは母《ハワ》を悲しまぬと、子を怨《ウラ》

切に思わぬかと、わが子の無情を恨み、わが身の不幸を嘆き、ひたすらに心を込めて祈ったのだった。これこそ親子が再び相見えることに通じる鸚鵡の舞の袖となりましょうや、御仏よどうか百万の舞を見そなわしませ。

み身を喞《カコ》ち、肝膽《カンタン》してぞ祈りける、親子《オヤコ》鸚鵡《オオム》の袖なれや、百万が舞を見給へ《エ》。

7

百万の狂乱　仏に捧げる法楽の曲舞を舞い終えて感極まった百万（シテ）は、思わず「わが子恋しや」と叫び、群集の中で子を探す様子の〔立回リ〕となる。さらに狂乱してわが子の姿を求め、南無阿弥陀仏の名号を唱えて祈念を込める。

〔立回リ〕直前の「あら我が子恋しや」は観世はすべて地謡だが、観世以外の各流は、「あらわが子」までがシテ謡で「恋しや」は地謡となる。またその後〔立回リ〕になるのは観世と金剛のみで、宝生は〔カケリ〕、金春・喜多は〔イロエ〕となる。さらにその後の〔ノリ地〕の「南無釈迦牟尼仏」は観世以外の諸流は地謡、「私心はなきを」は諸流シジンと謡うが、宝生・金春・喜多は「信心」と漢字を当てる。「至心（真の信仰心）」説も加えて諸説あるが、発心の意の「信心」が良いか。ただしいずれの言葉もシジンと読む例はない。

地　ああわが子が恋しいよ。

〔立回リ〕　囃子のアシライと共に静かに舞台を一巡して、わが子を捜し求める様子を表す。目付柱《めつけばしら》から脇座先、大小前と探し求め、常座の少し先に出て止まる。

百万　これほど沢山の人の中で、どうしてわが子がいないのか。ああわが子恋しや。

百万　わが子をお返し下さい、釈迦牟尼仏と、

地　狂人の身ながらわが子に逢えるのではと、発心修行の身ではないものの、南無阿弥陀仏、南無釈迦牟尼仏、南無阿弥陀仏と、狂気の身で心ならずも、迷いが機縁の念仏ながら、衆生を救わんとの弥陀の誓願の力にてわが子に逢わせて下

［〔詠〕］
地〽あら我が子恋しや。

〔立回リ〕

［〔クドキ〕］
シテ〽これ程多き人の中《ナカ》に、などや我が子のなきやらん、あら我が子恋しや

［ノリ地］
シテ〽我が子賜《タ》べなう《ノオ》、南無釈《ナムシャ》迦牟尼仏《カムニブ》と、
地〽狂人《キョオジン》ながらも、子にもや逢《オオ》ふと、私心《シジンナ》はなきを、南《ナ》無阿弥陀仏《ムアミダブツ》、南無釈迦牟尼《ナムシャカムニ》仏《ブ》、南無阿弥陀仏《ナムアミダブ》と、心ならずも、逆縁《ギャクエン》ながら、誓《チカイ》ひ

さいませ。

8
親子再会　里人（ワキ）は百万（シテ）の悲嘆ぶりを見かねて、子（子方）を引き合わせる。百万はなかなか名乗ろうとしなかったわが子を恨めしく思うものの、奇跡のような再会をにわかには信じられない思いで涙する。
諸流の異同は、下掛り三流との相違が中心で、ワキセリフ「よくよく寄りて見給へとよ」が「御覧ぜよ」、シテの「名のり給ふならば」が「給ひたらば」、「とは思へども」の「思へども」から地謡となる。また宝生はシテの「心強や」が「恨めしや」となる。

里人　見ていられないほどに余りにもお痛わしい。これこそがあなたの尋ねている子ですよ。よくよく近付いて御覧なさい。

百万　薄情者。すぐにも名乗ってくれたならば、こんな風に人目に恥をさらさずにすんだものを。と

に逢《アワ》はせて、賜《タ》びたまへ《エ》。

［掛ケ合］
ワキ〽余《アマ》りに見るも傷《イタワ》はしや、これこそおことの尋ぬる子よ、よくよく寄《ヨ》りて見給へ《エ》とよ

［クドキグリ］
シテ〽心強《ヅヨ》や、疾《ト》くにも名《ナ》のり給ふ《オ》ならば、かや《ヨ》う《オ》に恥を

は思ったけれども、

地　偶然にも出逢えたのは、三千年に一度咲く優曇《うどん》華《げ》の開花に出逢えたような奇跡。これは夢うつつか、幻ではないかしら。

ば曝《サラ》さじものを、あら怨めし

［歌］

シテへとは思へ《エ》ども、

地へたまたま逢《オオ》ふは優曇華《ウドンゲ》の、花待《マ》ち得たり、夢か現《ウツツ》か幻《マボロシ》か。

9

結末　百万（シテ）はわが子に出逢えた喜びに晴れ晴れとした思いを表現してユウケンの所作を見せ、子（子方）を常座にいざない、子は先に退場する。百万は扇をかざし、舞台を一巡して常座で袖を返し留《とめ》拍子を踏む。

この段も下掛り諸流では、「よくよくものを案ずるに」が「よくよくこれを思へば」、「都に帰る嬉しさよ」が「都へとてぞ帰りける」となる。

地　このことを深く考えるに、これを深く考えるに、釈迦堂の御本尊釈迦牟尼仏は本来、われら衆生にとっては生々世々《しょうじょうぜぜ》変わることのない真の父であらせられるのだから、今生の母子をも救い取

［キリ］

地へよくよくものを案《アン》ずるに、

よくよくものを案ずるに、かの御本尊は《ゴホゾンナ》元《モト》よりも、衆《シュ》生《ジョオ》の為の父なれば、母諸共《ハワモロトモ》に廻《メグ》り逢《オオ》ふ、法《ノリ》の力ぞあり

り廻り逢わせて下さった、念仏の功力のありがたさ。ありがたき衆生済度の御誓願も果たされ百万も満願成就して、解脱に向かう三つの車ならぬ、大和路に続く車大路を通って奈良の都に帰る嬉しさ、奈良の都に帰る嬉しさよ。

がたき、願ひも三《イ》つの車路《クルマヂ》を、都に帰る嬉《ウレ》しさよ、都に帰る嬉しさよ。

〈百万〉の舞台

観世流シテ方・河村　晴久

〈百万〉は狂女物《きょうじょもの》である。狂女物とは現代の病理的なものではなく、別離した人を一途に想い、心乱れる様子を見せる能で、理性で抑えられない心の真の様が描かれる。〈百万〉のシテは当時もてはやされた芸能である曲舞《くせまい》の女芸人の設定で、季節は春、最後には別れた子と再会の場面があり、明るい狂女能である。

囃子方、地謡が着座し、〔次第《しだい》〕の囃子が演奏されると、子供と吉野の里人（子方・ワキ）が登場する。西大寺で子を拾い、嵯峨野の清凉寺の大念仏に赴く由を語る。門前の男（アイ）との問答で、面白い狂女の話を聞き、これを呼び出してもらう。門前の男は下手な念仏を唱え、それにひかれて百万（シテ）が現れる。この辺りの問答は、謡本に掲載されていないけれども、生き生きした会話で、当時の市井《しせい》の雰囲気が感じられる。さて百万は念仏の音頭を取る。通常、一曲の最後の部分に演奏されることの多い太鼓がこの部分で演奏される。「車之《くるまの》段《だん》」（舞台上に大道具はないが曲舞車《くせまいぐるま》に乗っている想定）「笹之段《ささのだん》」（笹は狂女であることの象徴）と舞進み、本尊釈迦如来に生き別れた子との再会を願う。子供は母である事に気付くが、まだ名告《なの》らずに様子を見てゆく。舞台上にはシテ・ワキ・子方・アイの四人しかいないが、大念仏で群衆が寺に満ちている想定である。百万は子を求めて心乱れる由を語り、男の言葉に法楽の舞を舞う。〔次第〕から始めて、子を想って〔イロエ〕で舞台上を一周し、〔クリ〕〔サシ〕〔クセ〕と定型の部分を連ねて、子への想い、別離の様子、清凉寺にたどり着き釈迦に再会を願うことなどを舞い語る。心はだんだん高揚し、〔立廻《たちまわり》〕で狂乱して倒れ伏す。〔次第〕から始め〔次第〕で終えるのが正式と世阿弥は説き、まさにこの能では「我が子に鸚鵡の袖なれや百万が舞を見給へ」（19頁）から始まり、同じ謡（25頁）で終わる長大な形を取っている。最後は再会し、釈迦に謝してめでたく終わる。

「法楽之舞《ほうらくのまい》」の小書《こがき》（替の演出）になると、百万の採物《とりもの》の笹に幣《しで》を付けたり、季節に合わせて桜の花枝を持ったりする。また、〔イロエ〕の部分が特別な〔中之舞《ちゅうのまい》〕になり、〔クリ〕を略して〔サシ〕につながる。

前折烏帽子《まえおりえぼし》―和紙に黒漆を塗って作られた黒い帽子。前側が折られている。

無紅鬘帯《いろなしかずらおび》―金箔や銀箔を摺りつけた上に刺繍をした帯。中年の役には無紅（赤色の無いもの）を使う。

狂女扇《きょうじょおうぎ》

長絹《ちょうけん》―絽《ろ》の薄地に金糸や色糸で模様を織りだした装束。飾り紐の露をつける。

無紅縫箔《いろなしぬいはく》―金箔や銀箔を摺《す》りつけた上に刺繍をした小袖の装束。上着の長絹《ちょうけん》の下になってあまり見えないが、腰巻という両肩を脱ぎ下げた着付けをしている。

面《おもて》―深井《ふかい》。中年の女性の面。曇らせる（下に傾ける）と目の上に影が現れ、憂いを含む表情が強調され、照らせる（上に向ける）とその影が消えて、演者の表現力と相まって晴れやかな表情になる。

狂女笹―狂女が手に持つ採物《とりもの》。笹の種類は寒竹。

能の豆知識

シテ 能の主役。前場のシテを前シテ、後場を後シテという。

ワキ シテ（主役）の相手役。脇役のこと。

ツレ シテやワキに連なって演じる助演的な役。シテに付くものをツレ（シテツレともいう）、ワキに付くものをワキツレという。

間狂言《あいきょうげん》 能の中で狂言方が演じる役。アイともいう。狂言方の主演者をオモアイ、助演者をアドアイとよぶ。

地謡《じうたい》 能・狂言で数人が斉唱する謡。謡本に「地」と書いてある部分。地ともいう。能では舞台右側の地謡座と呼ばれる場所に八人が並び謡う。シテ方が担当する。

後見《こうけん》 舞台の後方に控え、能の進行を見守る役。装束を直したり小道具を受け渡しするなど、演者の世話も行う。

後見座《こうけんざ》 鏡板左奥の位置。後見をつとめるシテ方（普通は二人、重い曲は三人）が並んで座る。

見所《けんしょ》 能の観客及び観客席のこと。舞台正面の席を正面、舞台の左側、橋掛りに近い席を脇正面、その間の席を中正面と呼ぶ。

物着《ものぎ》 能の途中、舞台で衣装を着替えたり、烏帽子などをつけたりすること。後見によって行われる。

中入《なかいり》 前・後半の二場面に構成された能で、前場の終りに登場人物がいったん舞台から退場することをいう。

床几《しょうぎ》 椅子のこと。能では鬘桶《かづらおけ》（鬘を入れる黒漆塗りの桶）を床几にみたてて、その上に座る。

作《つく》り物《もの》 主として竹や布を用いて、演能のつど作る舞台装置。

〈百万〉のふる里

清涼寺

京都市右京区嵯峨釈迦堂藤ノ木町46
ＪＲ嵯峨嵐山駅下車、北西へ五百メートル
京福電鉄京福嵐山駅、阪急電鉄阪急嵐山駅

元は嵯峨天皇の皇子である源融（八二二〜八九五）の別荘。融の没後に寺となり、その時の本尊阿弥陀如来像（融の面影の生き写しと言われる）は霊宝館に安置され春秋に公開される。その後奝然《ちょうねん》が永延元年（九八七）に釈迦像を宋から持ち帰り、これが現在の清涼寺の本尊釈迦如来像である。三国（インド、中国、日本）伝来の、生身の釈迦の姿を写した像と言われ、体内には五臓六腑が納められている。衣紋の美しい国宝で、その模刻も多く「清涼寺式釈迦如来」と言われる。弘安二年（一二七九）に大念仏中興上人と言われる円覚が融通念仏を勧修し、その後大念仏が盛んに行われるようになった。

境内には、嵯峨天皇、融の墓もある。

（河村晴久）

お能を習いたい方に

能の謡や舞、笛、鼓に興味をもたれたら、ちょっと習ってみませんか。どなたでも能楽師からレッスンを受けられます。関心のある方は、能楽堂や能楽専門店（檜書店☎０３-３２９１-２４８８　わんや書店☎０３-３２６３-６７７１　能楽書林☎０３-３２６４-０８４６など）に相談すれば能楽師を紹介してくれます。またカルチャーセンターでもそうした講座を開いているところがあります。

竹本幹夫（たけもとみきお）
早稲田大学名誉教授、東京生まれ。早稲田大学大学院文学研究科博士課程修了。
文学博士。
著書に、『観阿弥・世阿弥時代の能楽』（明治書院）、『風姿花伝・三道』（角川学芸出版）他がある。

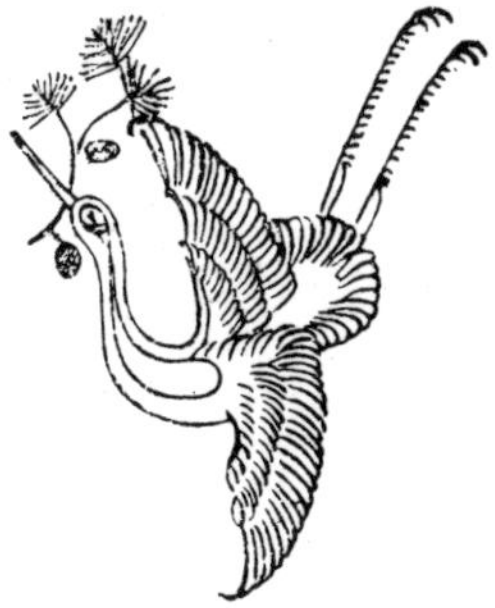

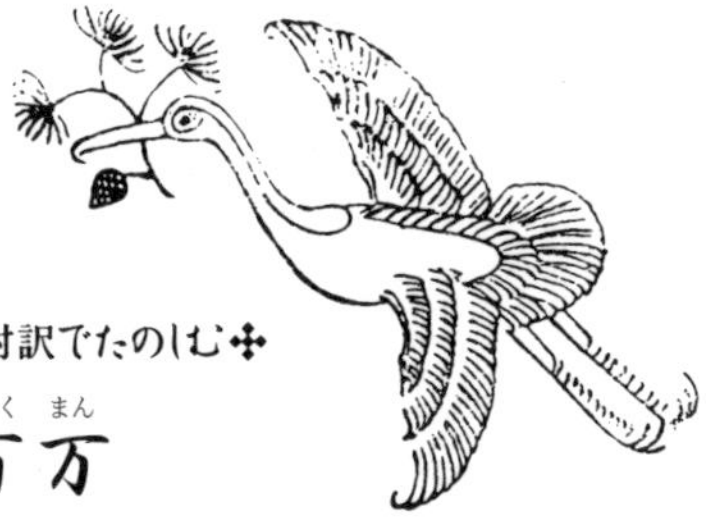

✣対訳でたのしむ✣

百《ひゃく》万《まん》

発行———令和５年３月１日　第一刷

著者———竹本幹夫

発行者——檜　常正

発行所——檜書店
東京都千代田区神田小川町2-1
電話03-3291-2488　FAX03-3295-3554
http://www.hinoki-shoten.co.jp

装幀———菊地信義

印刷・製本–藤原印刷株式会社

ISBN978-4-8279-1114-5 C0074
Printed in Japan

9784827911145

1920074007004

ISBN978-4-8279-1114-5

C0074 ¥700E

定価　本体700円+税

檜書店

百万